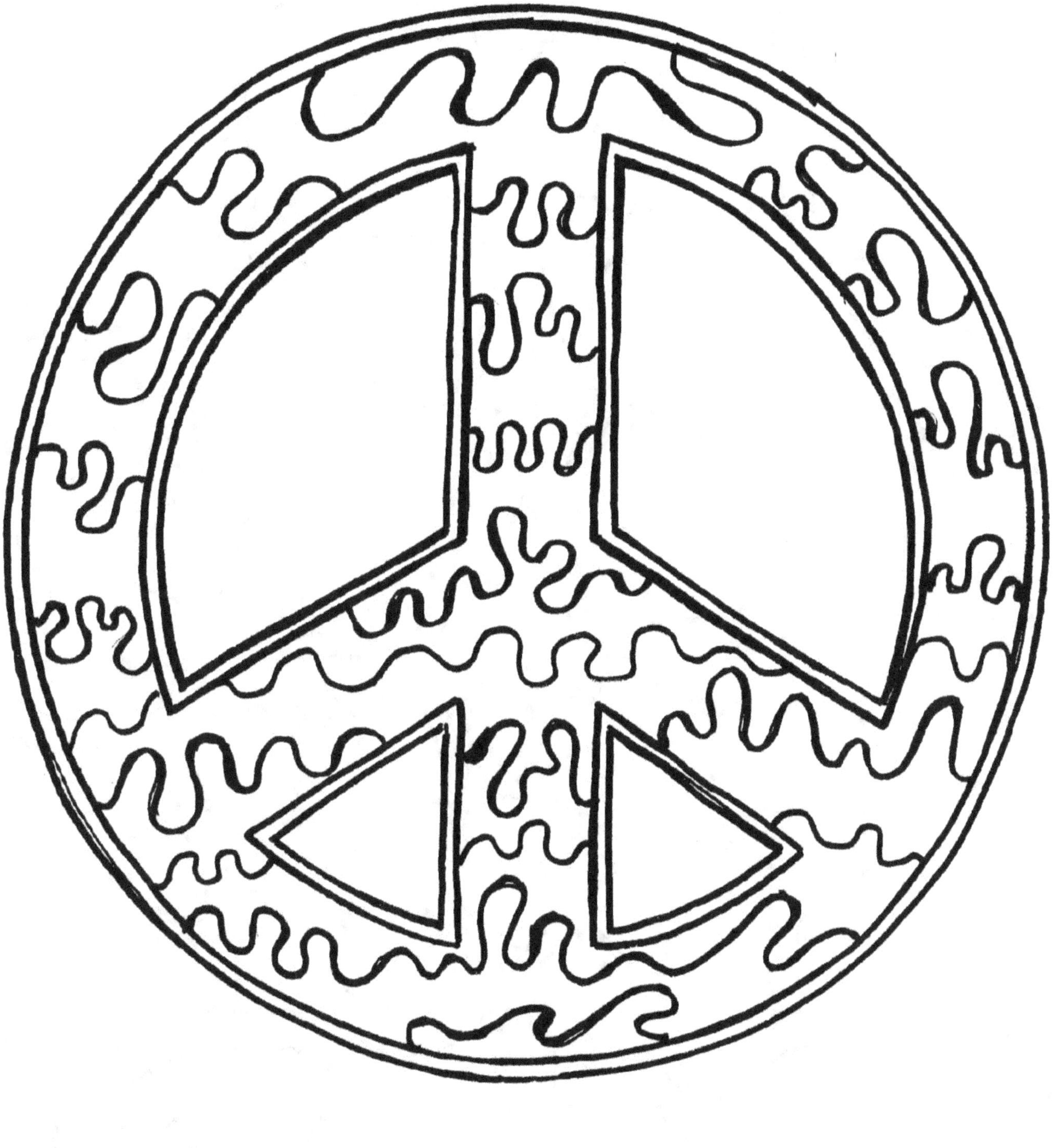

ISBN-13: 978-1543215878
ISBN-10: 1543215874

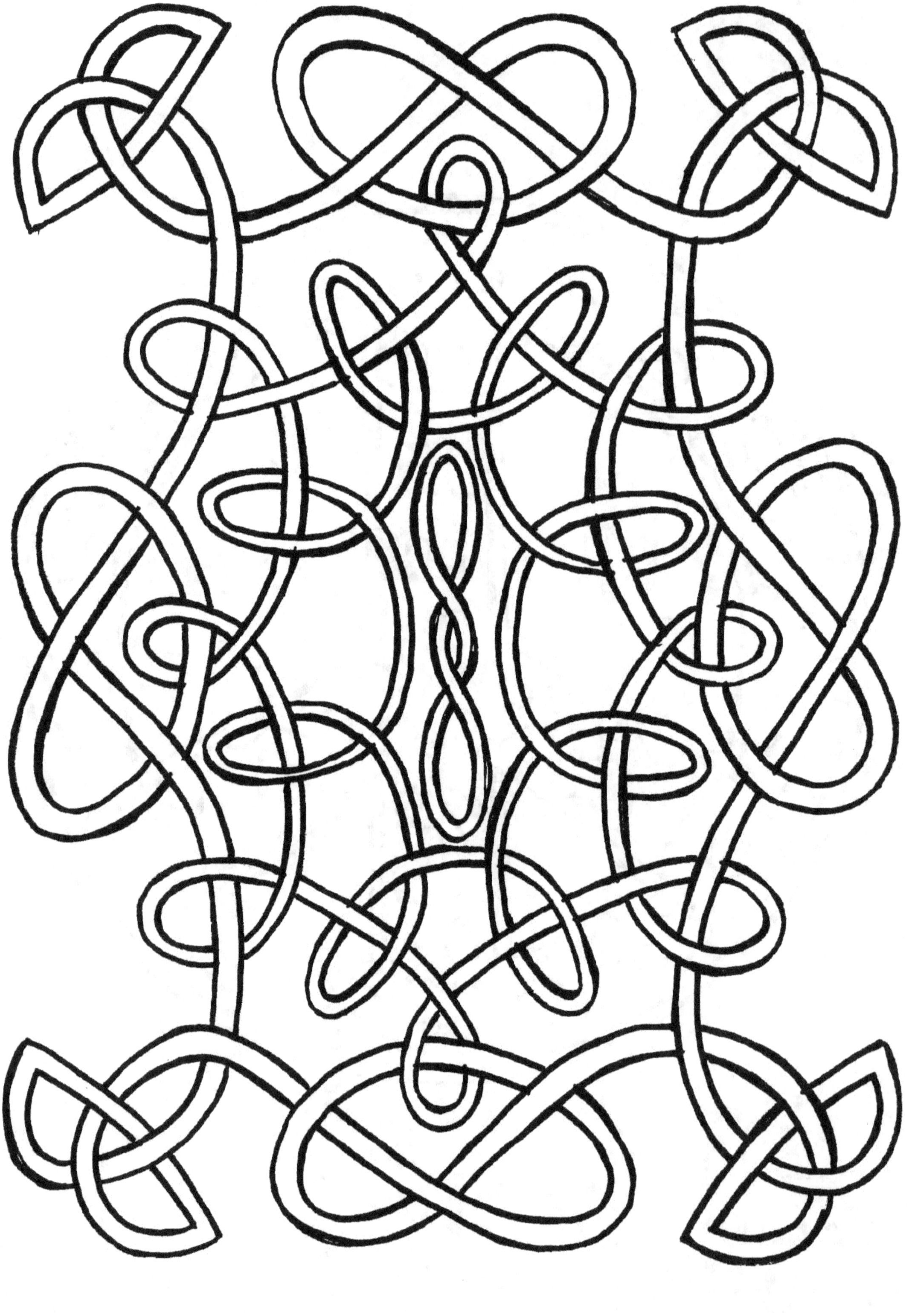

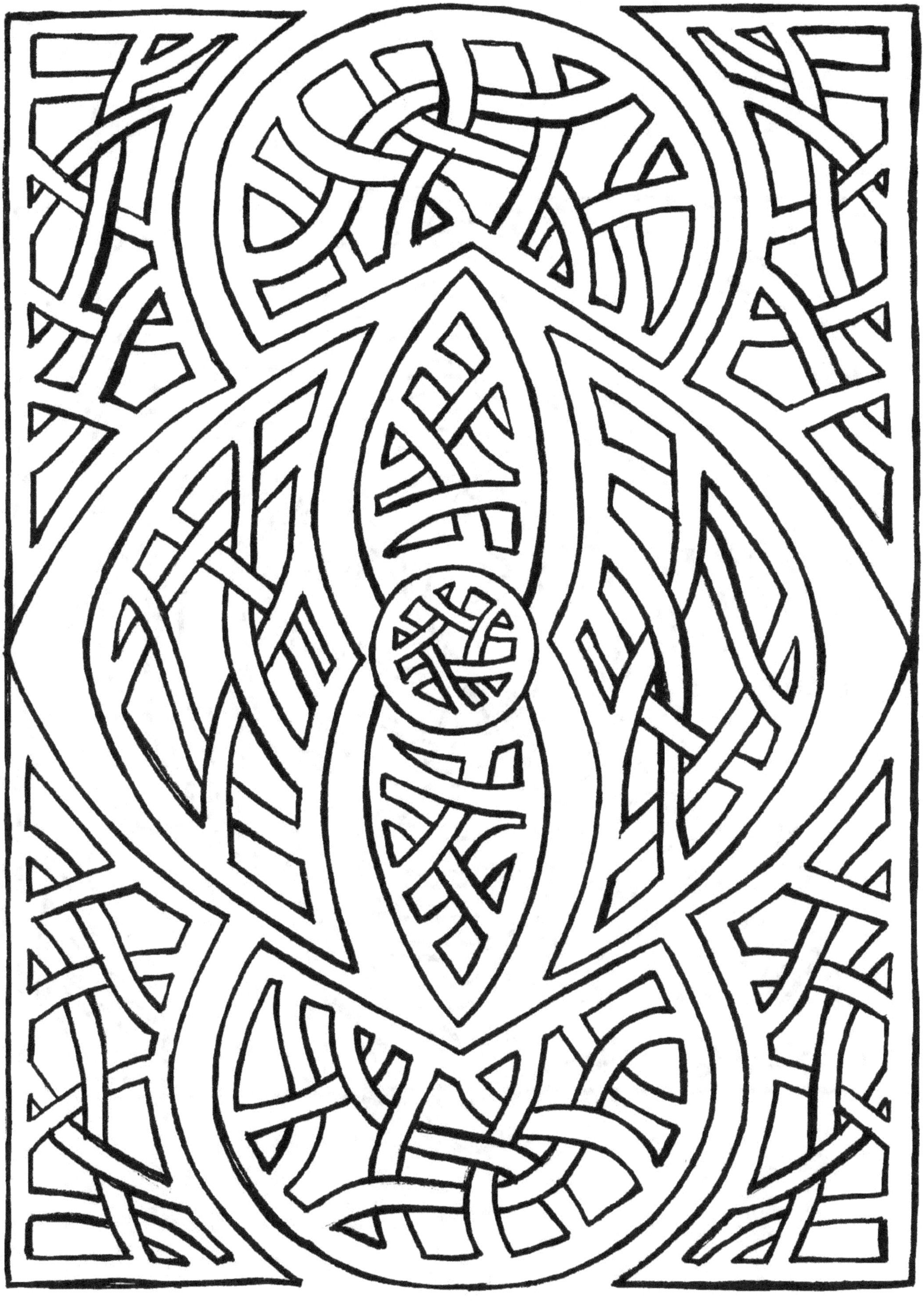

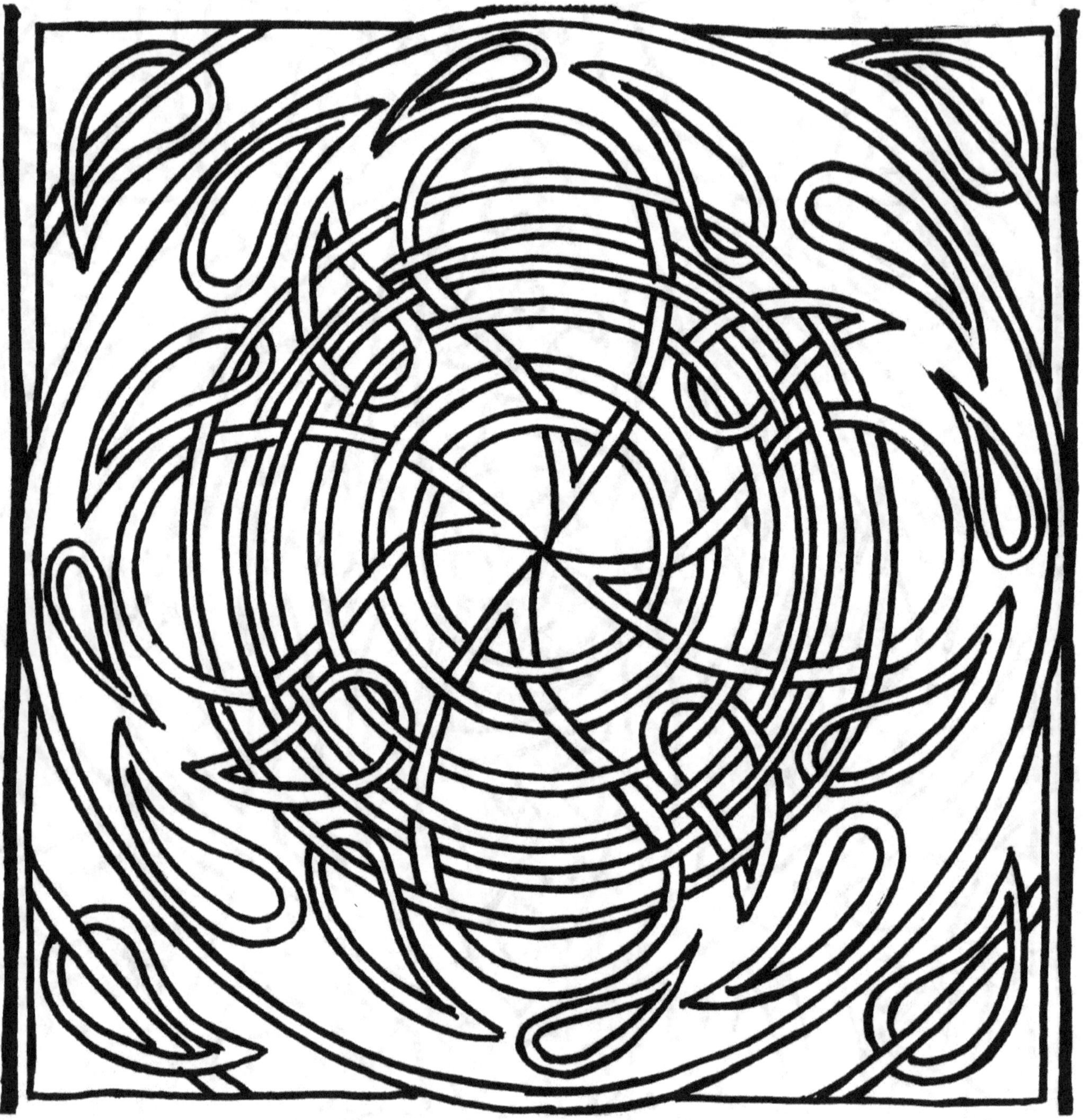

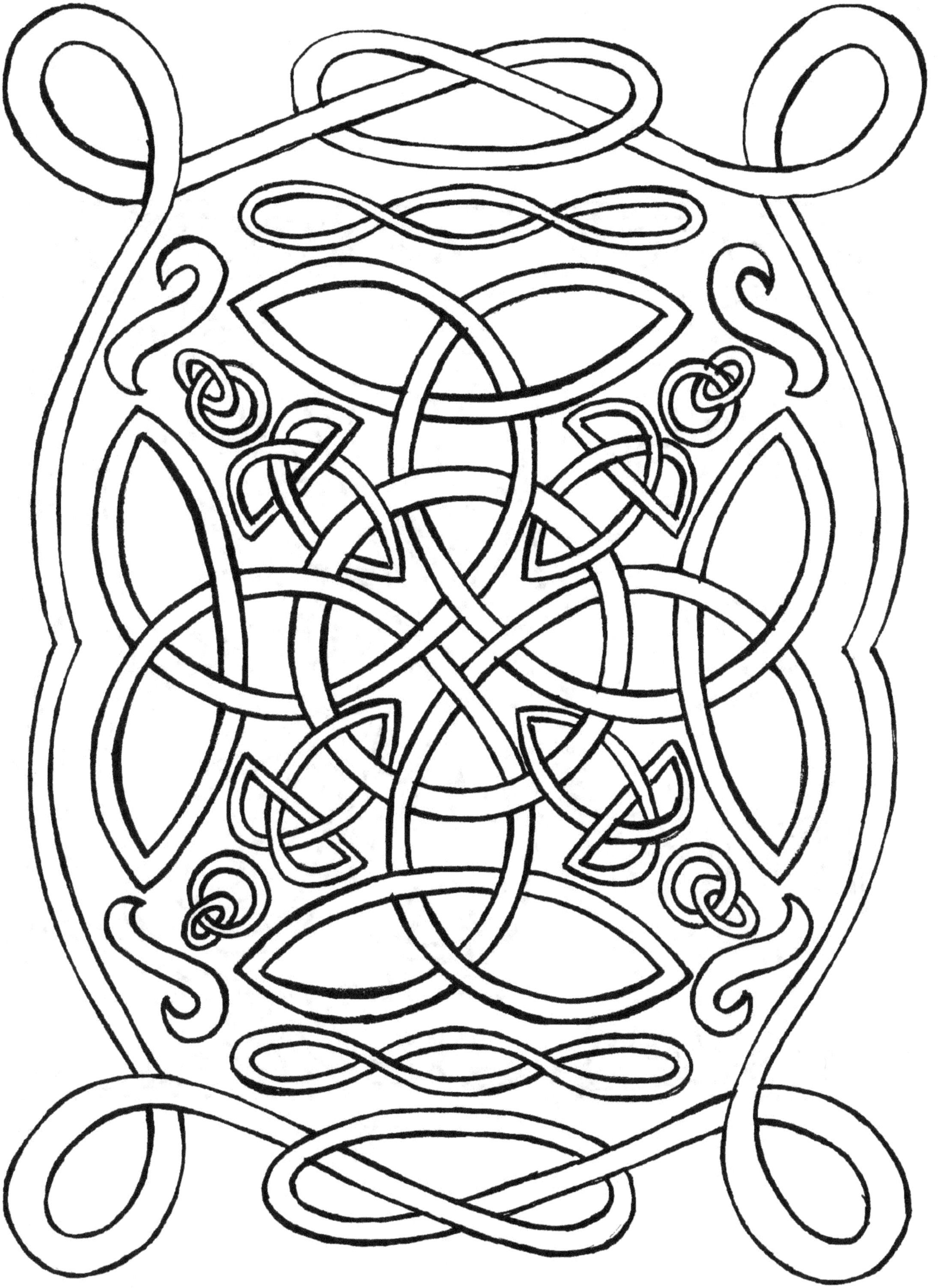

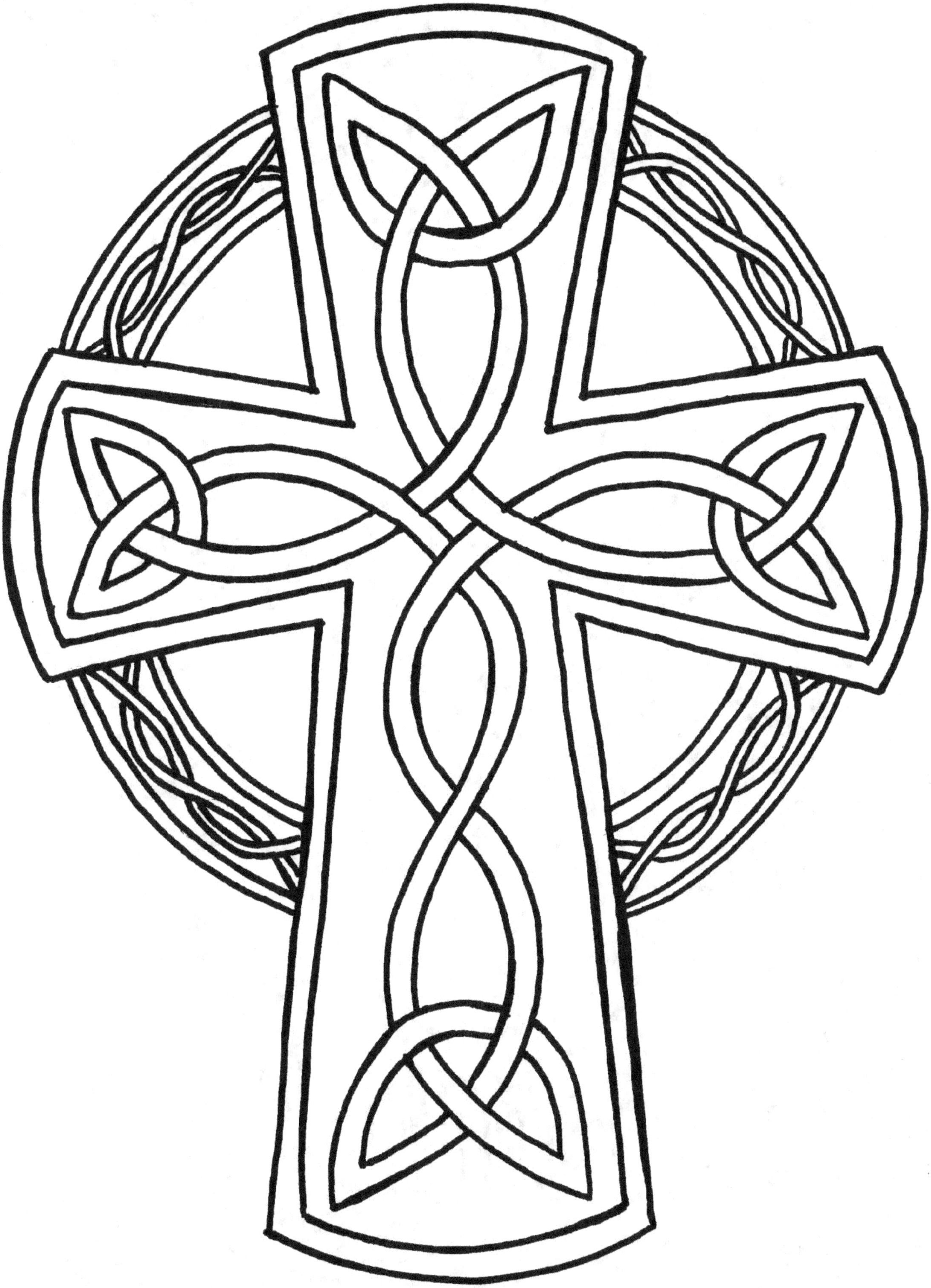

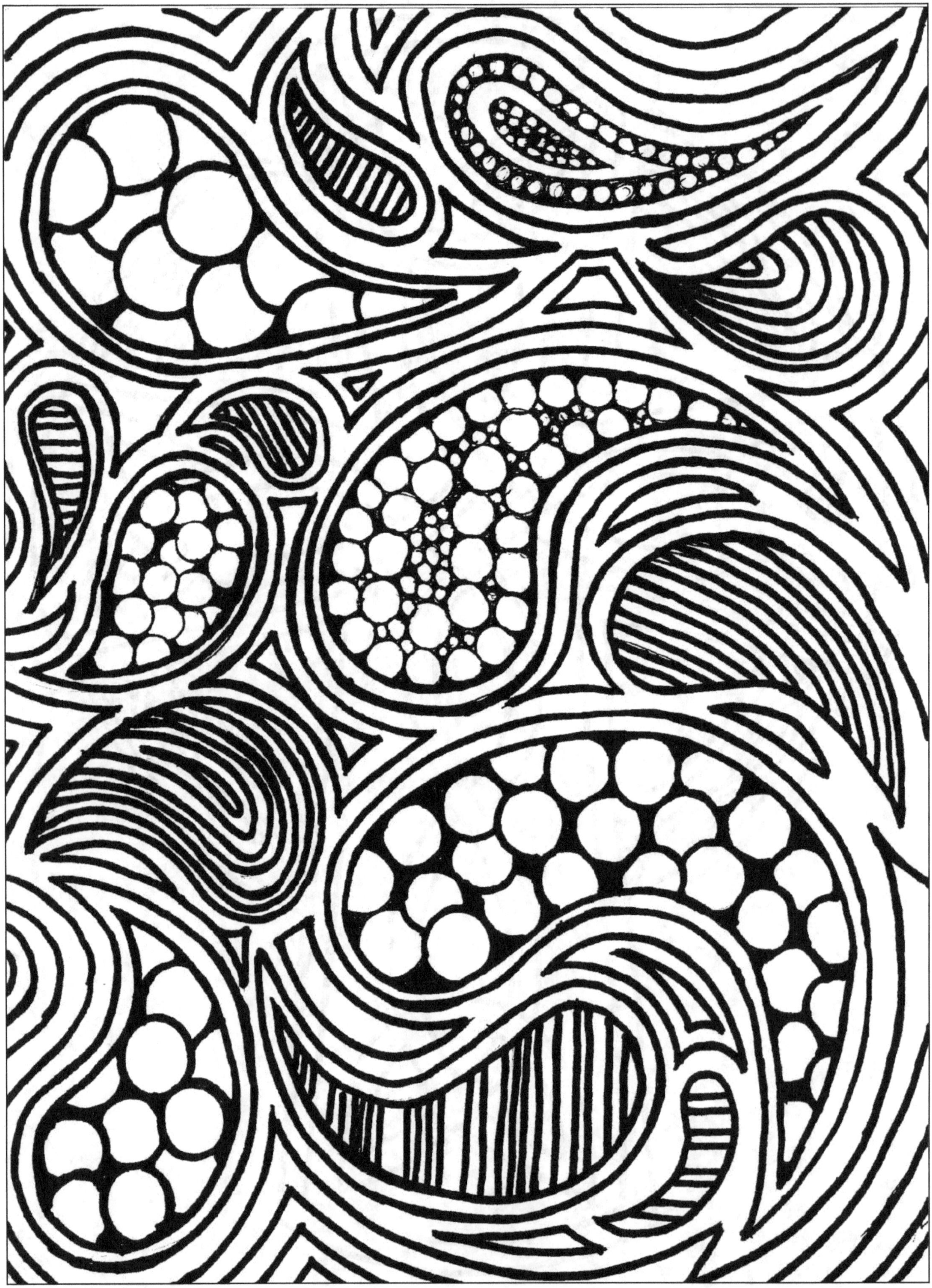

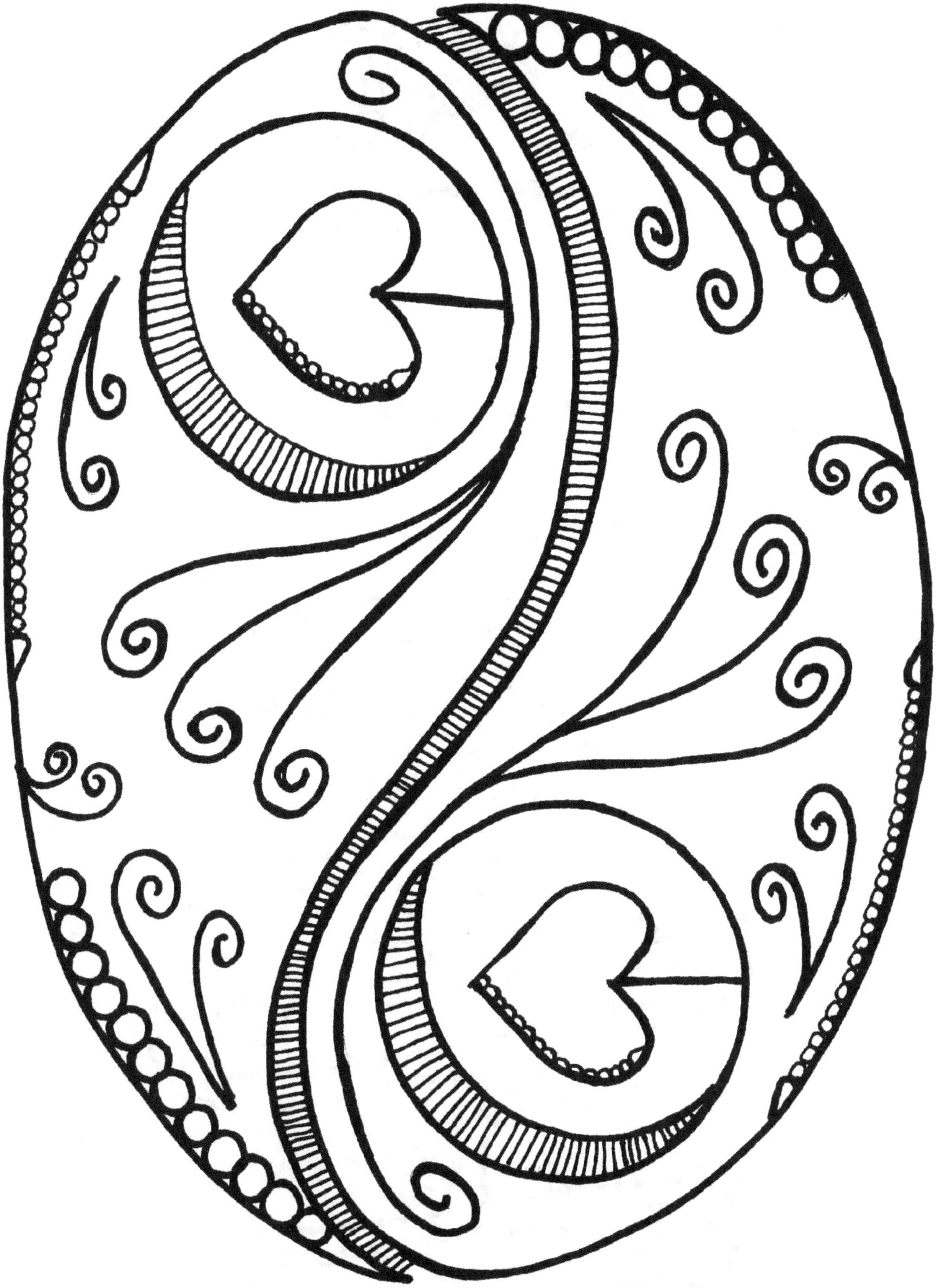

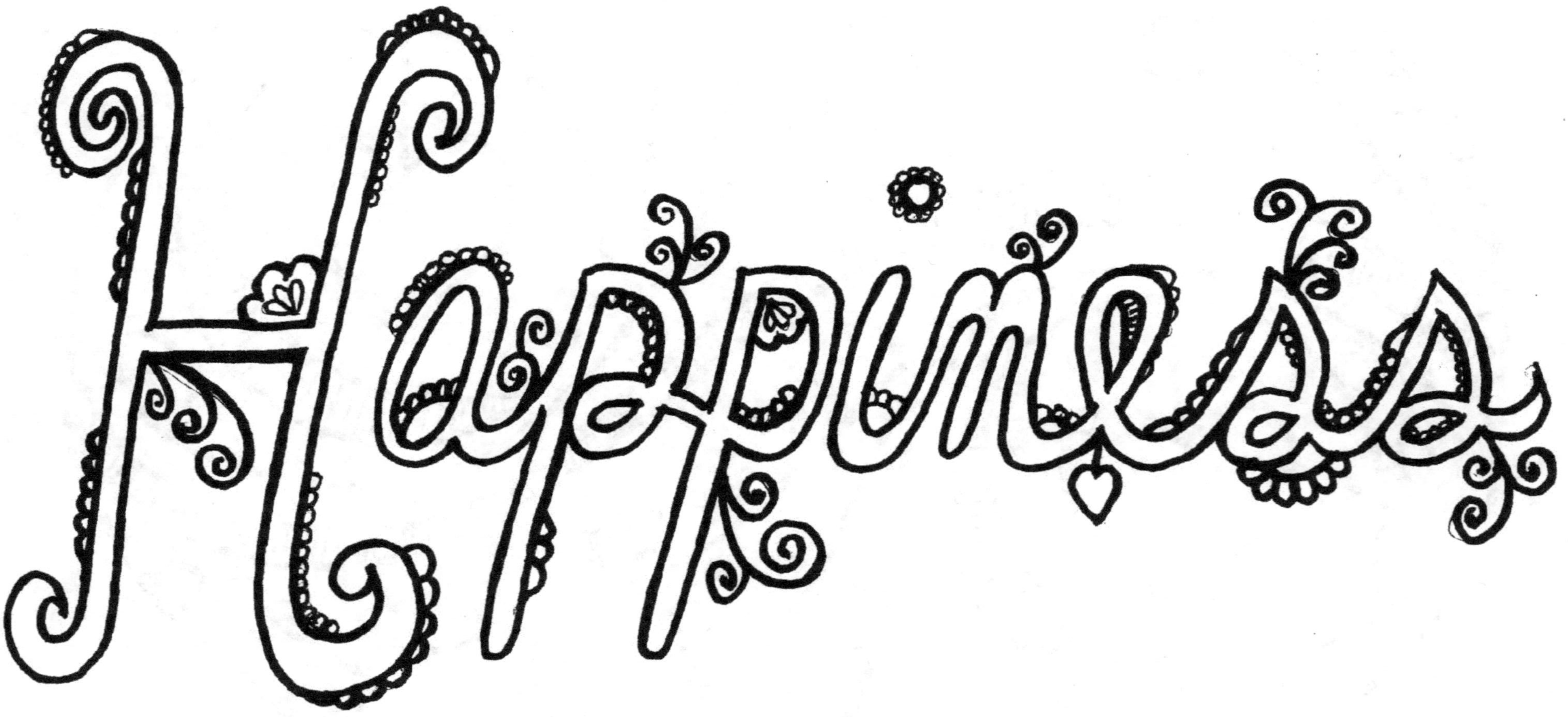
Happiness

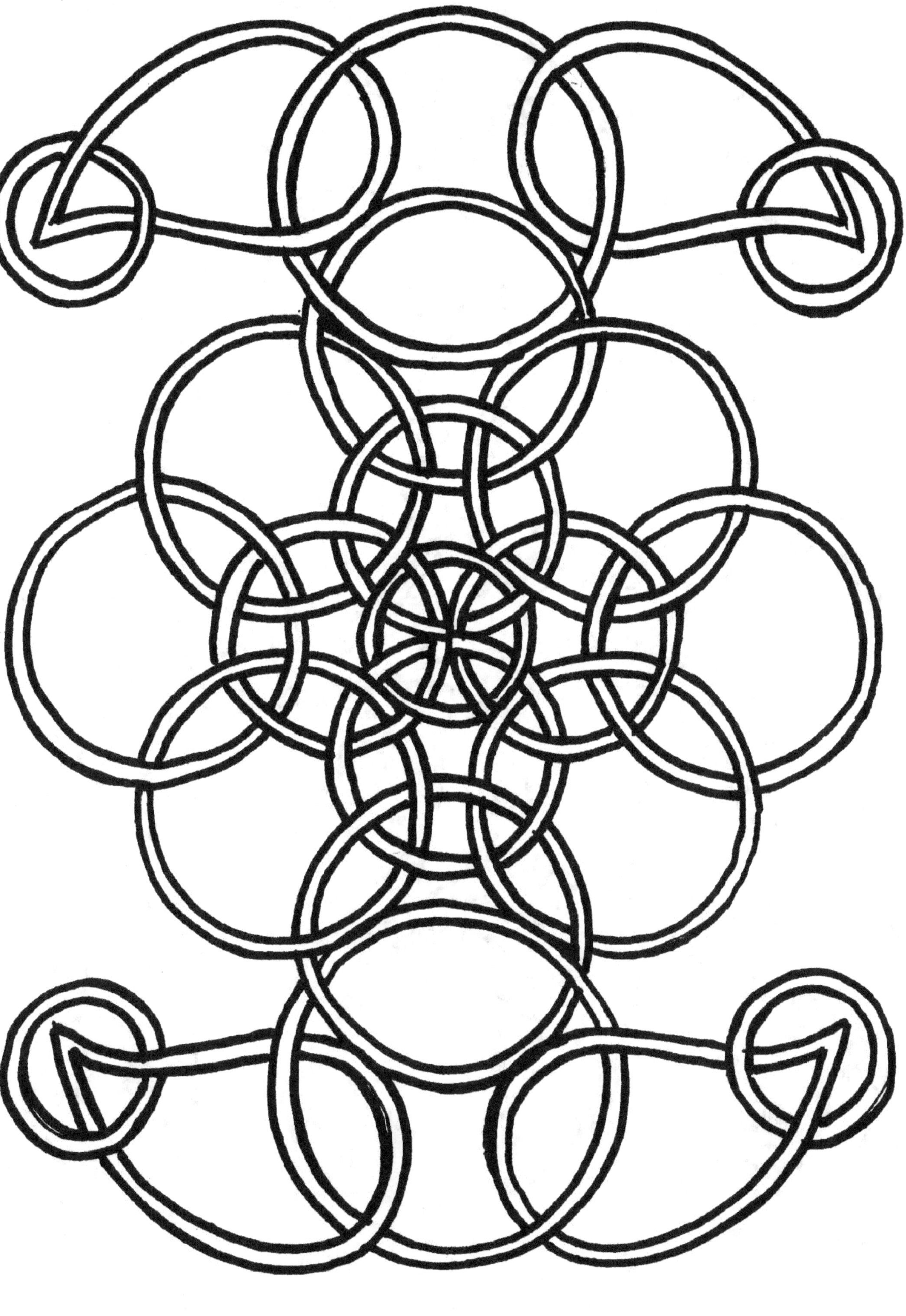

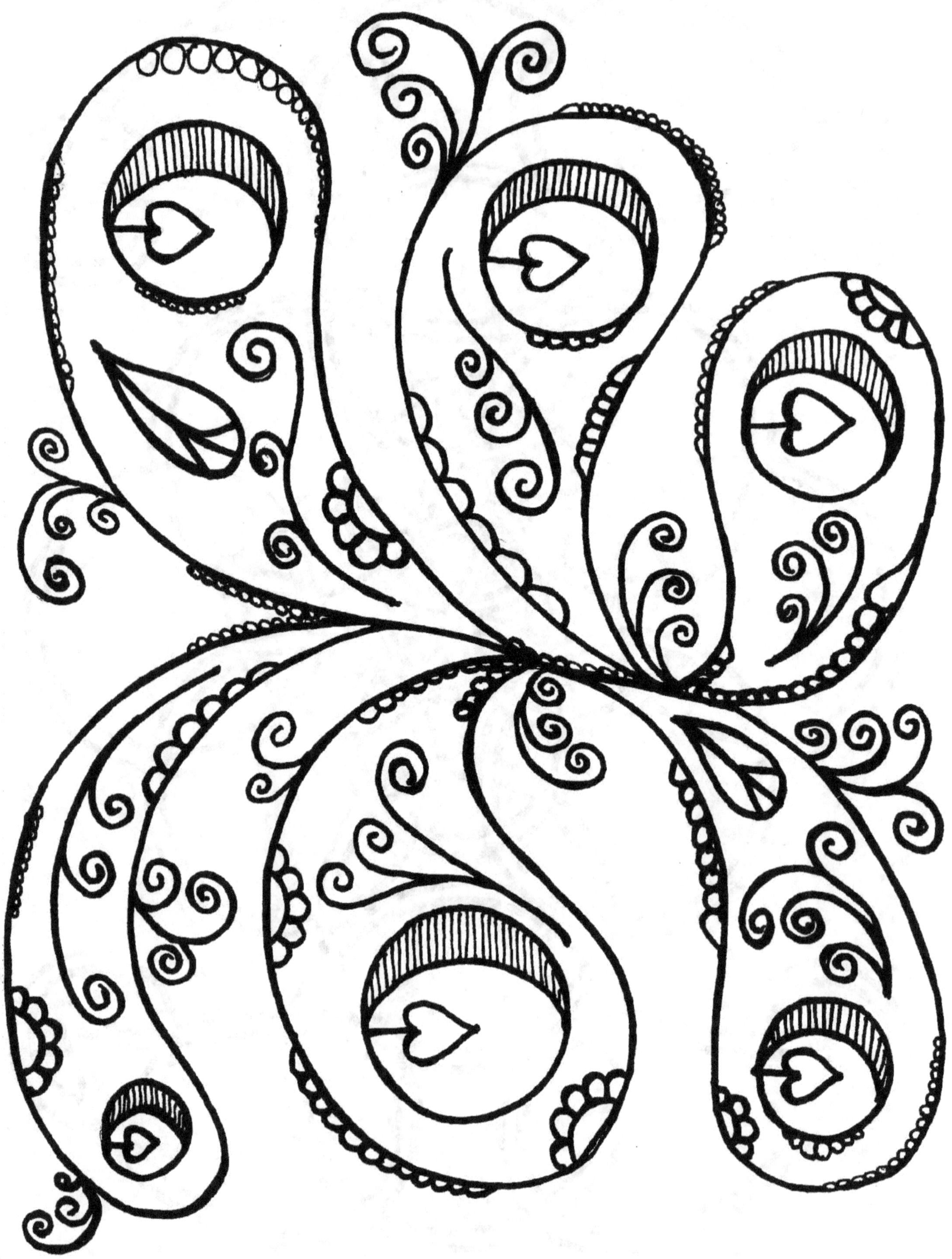

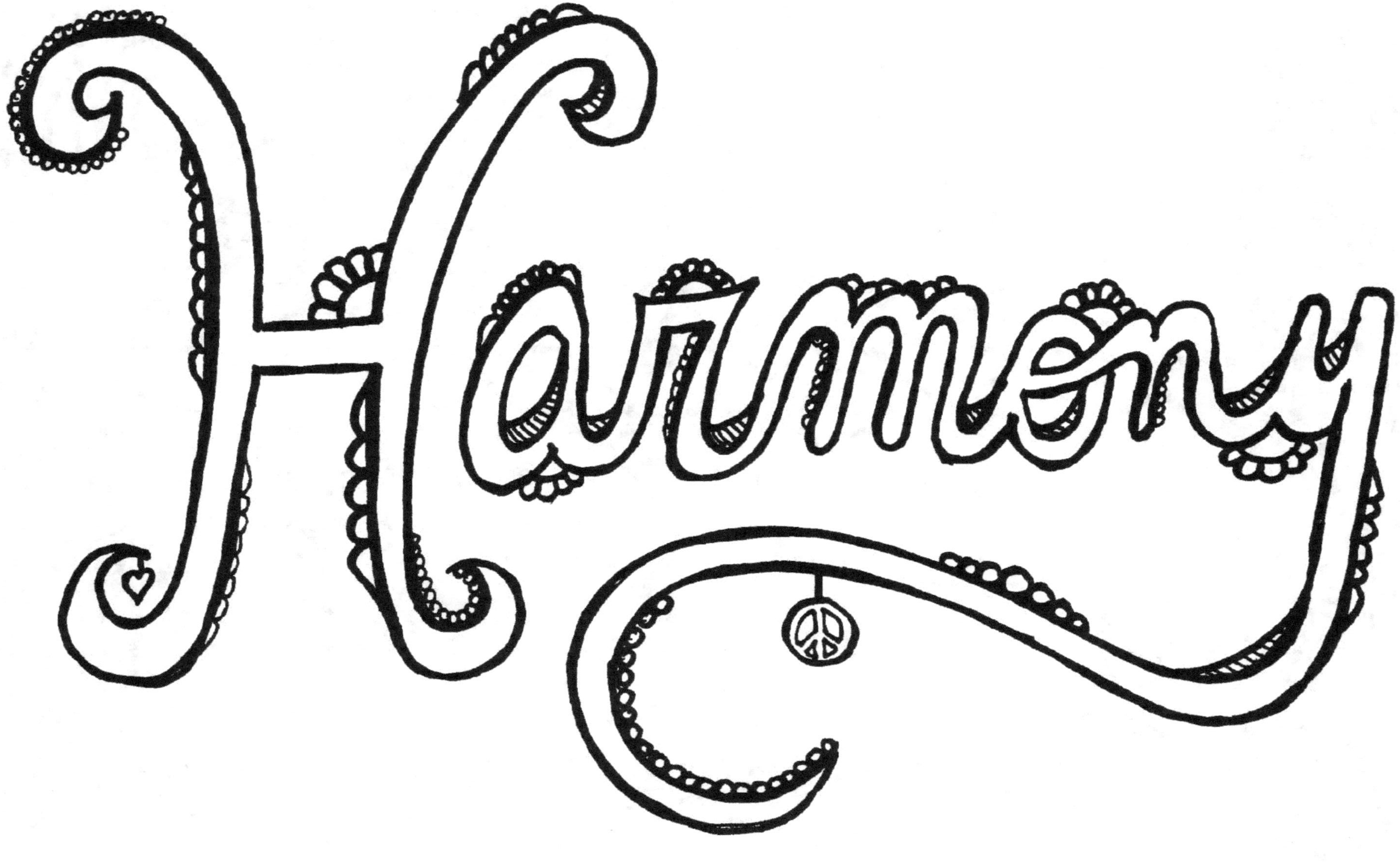
Harmony

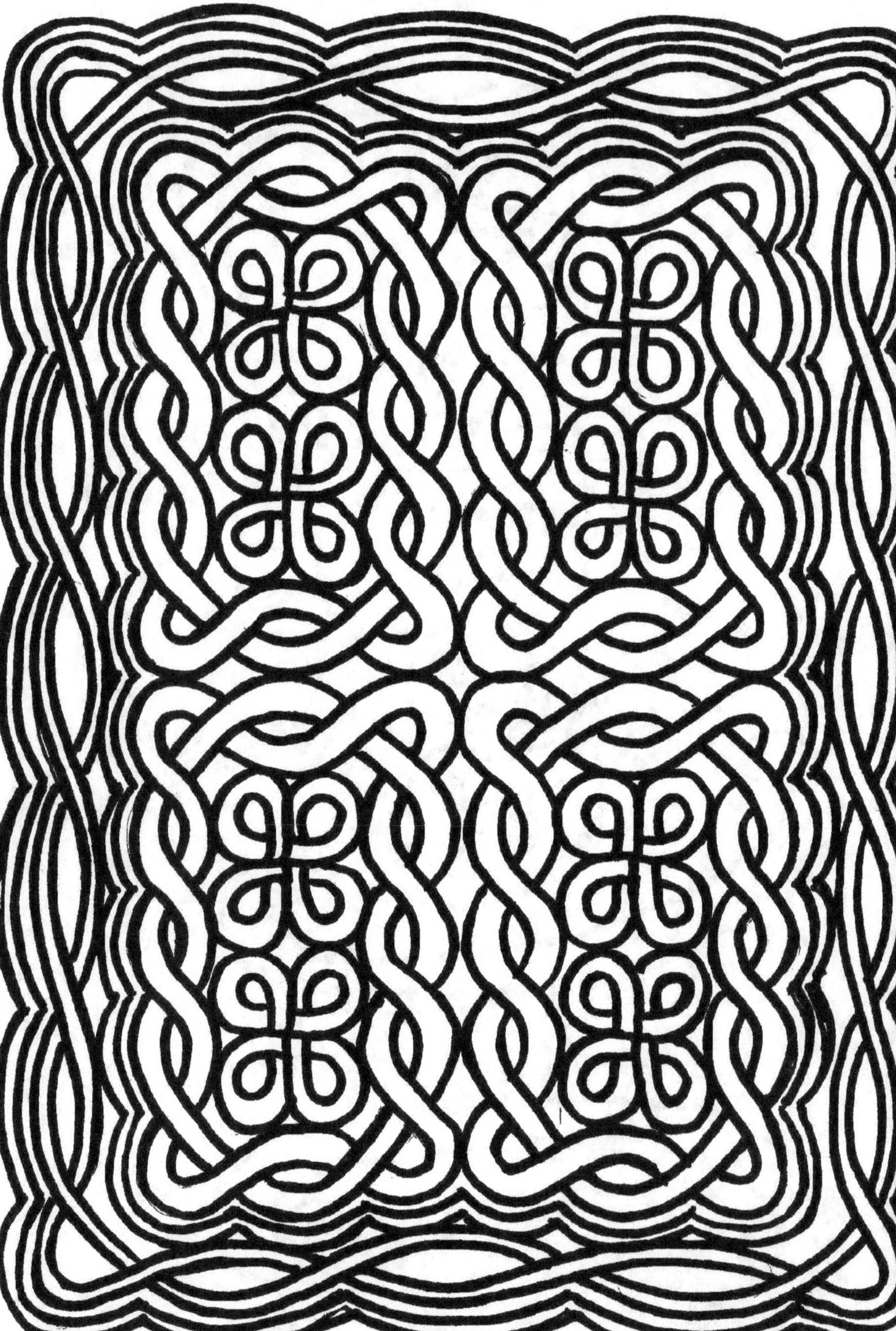

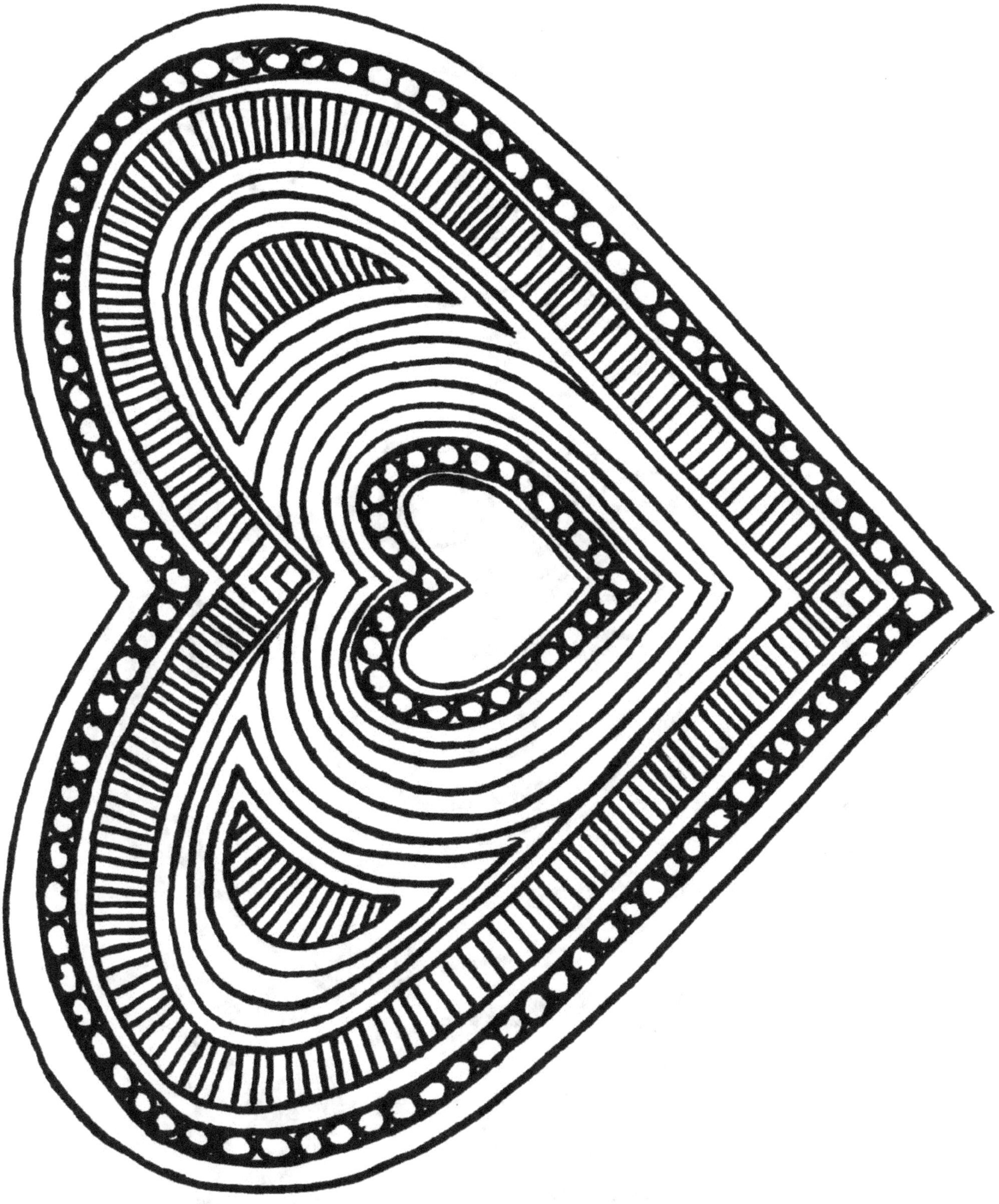

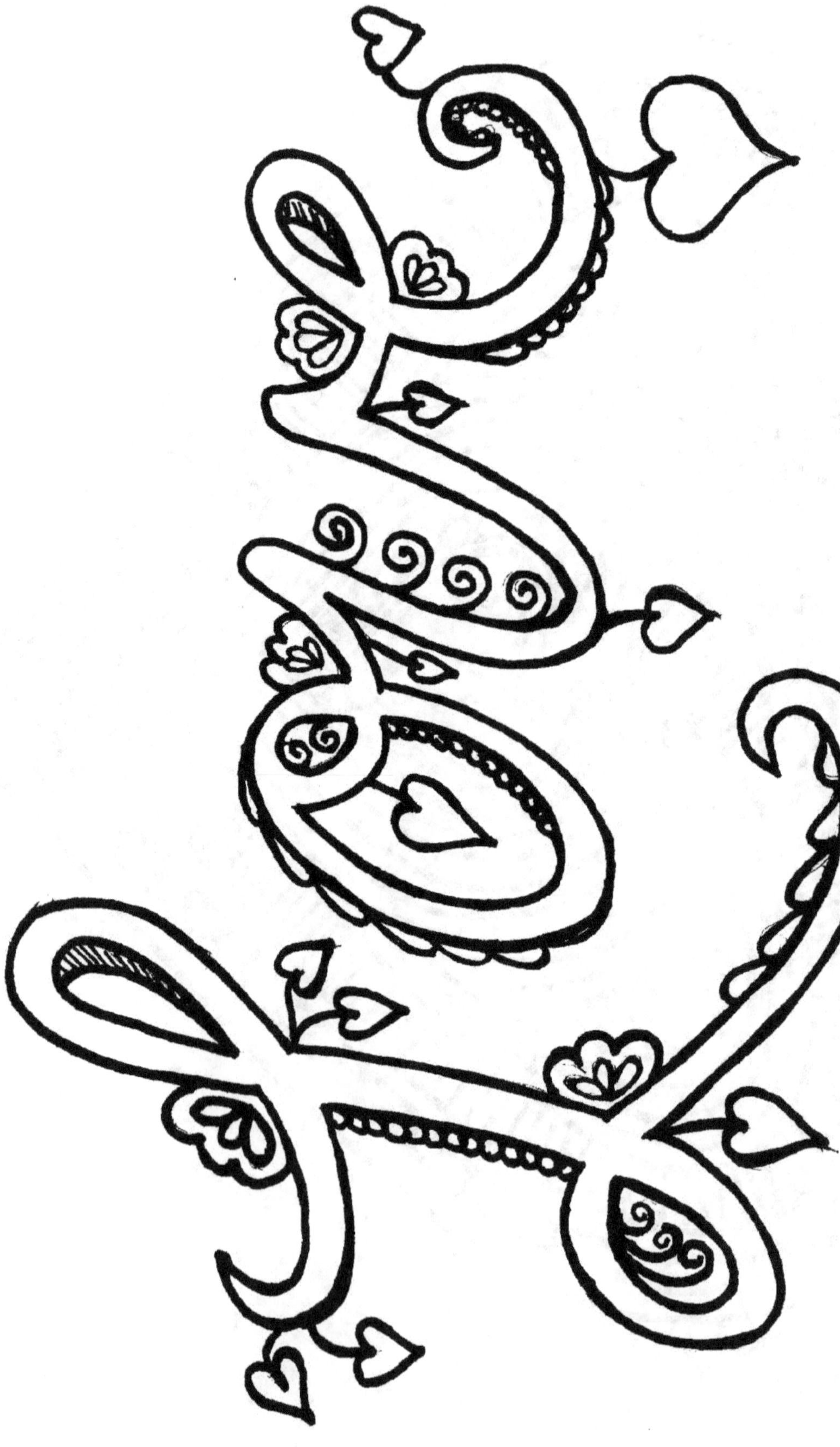
Love

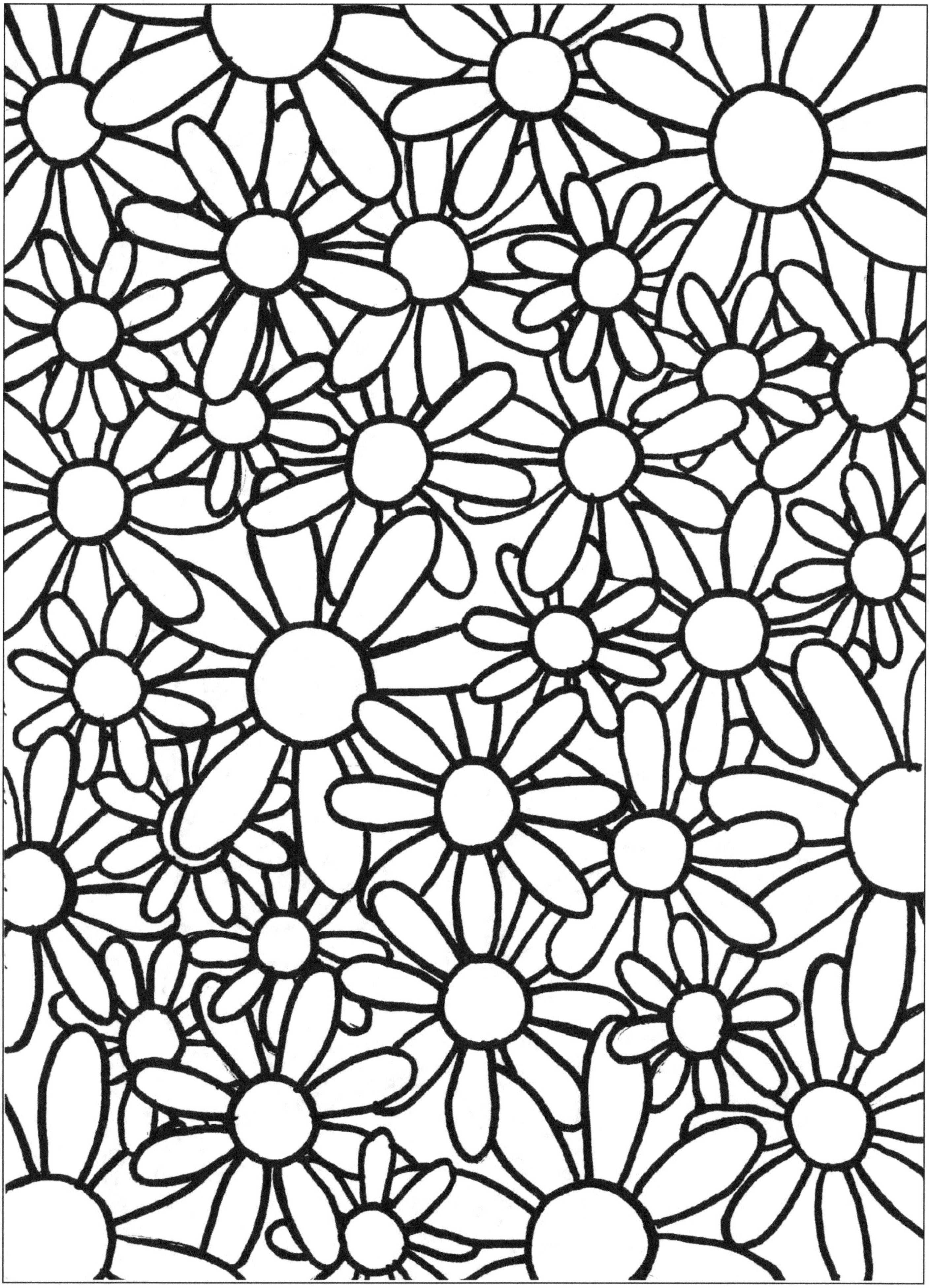

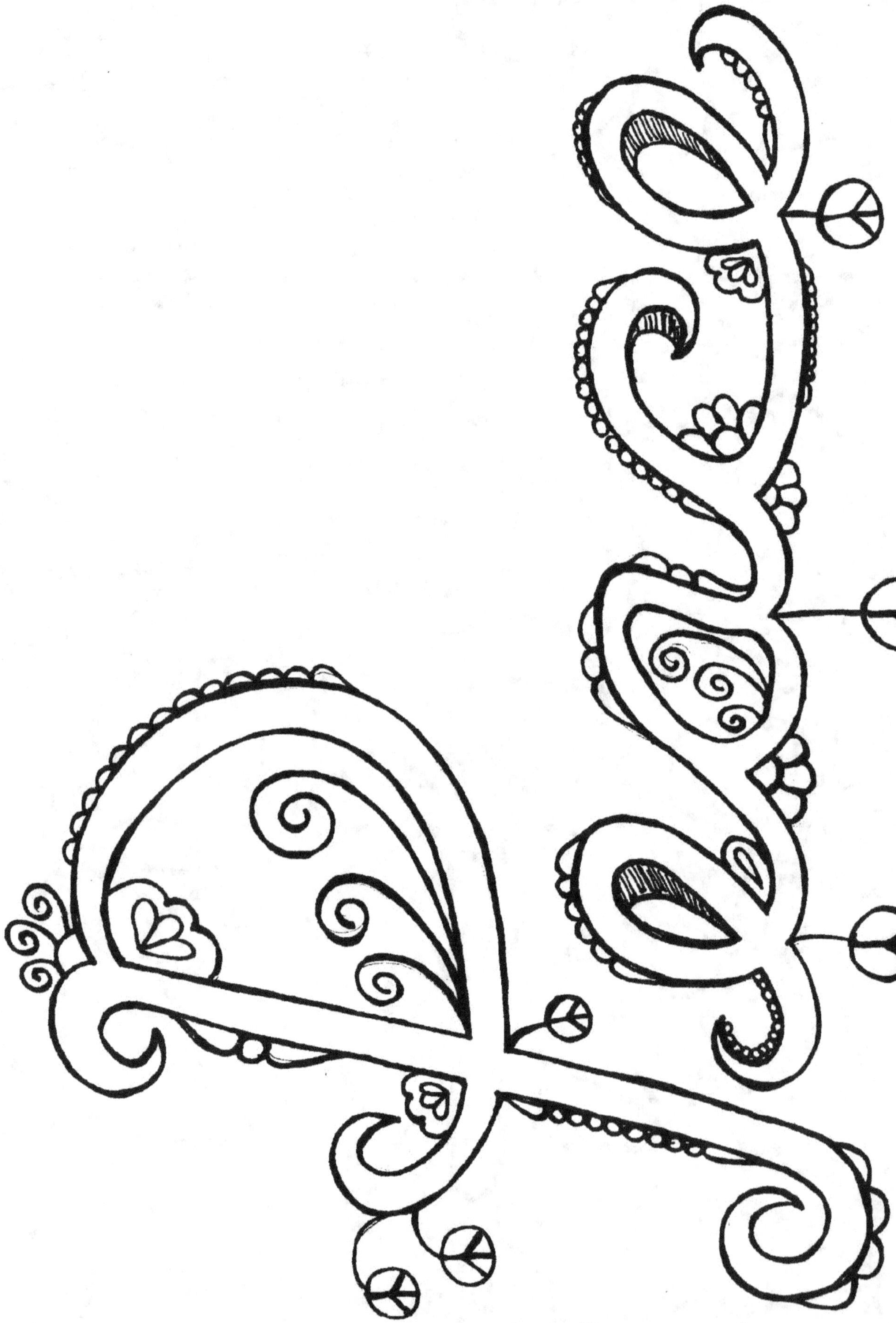

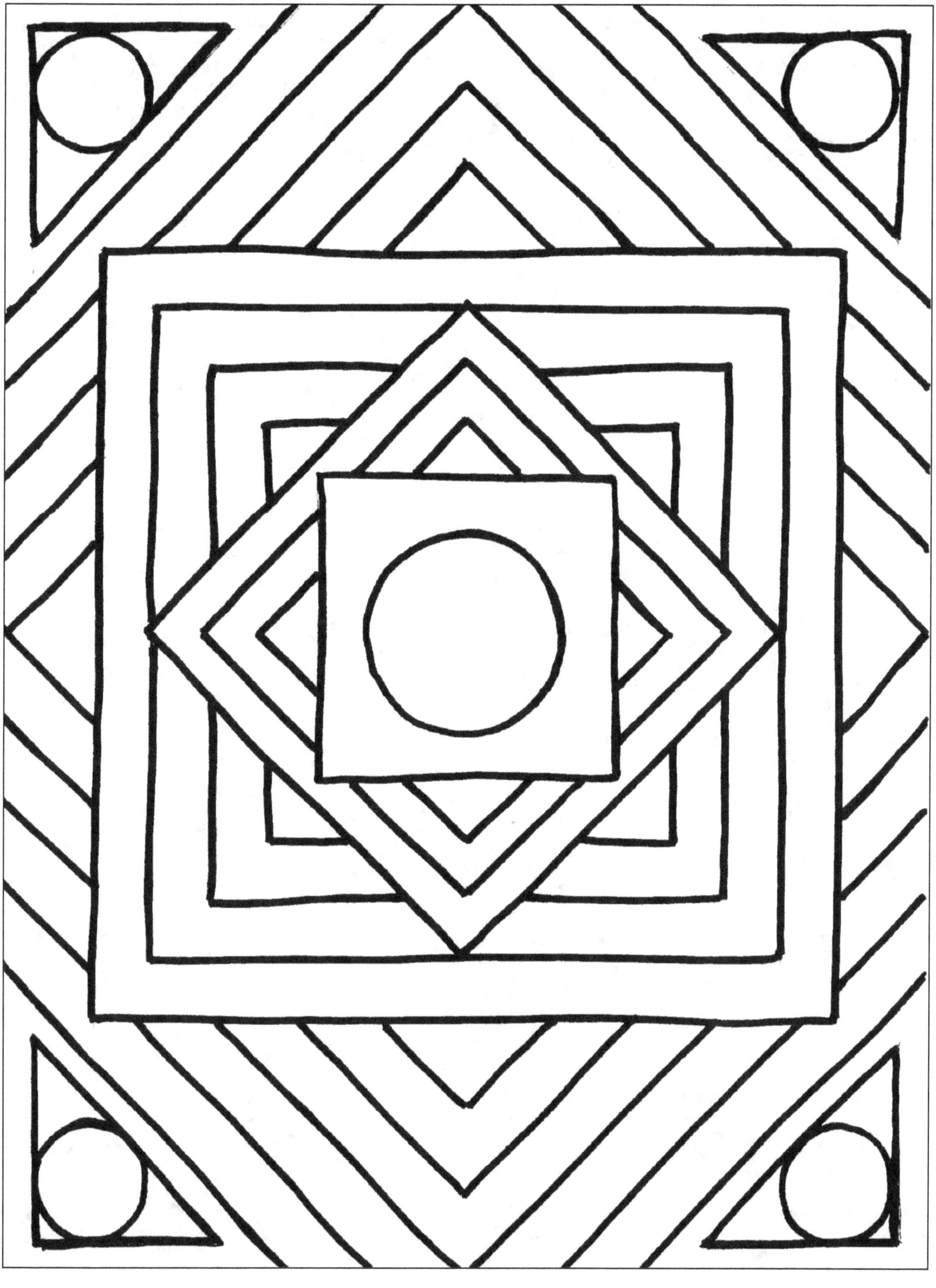

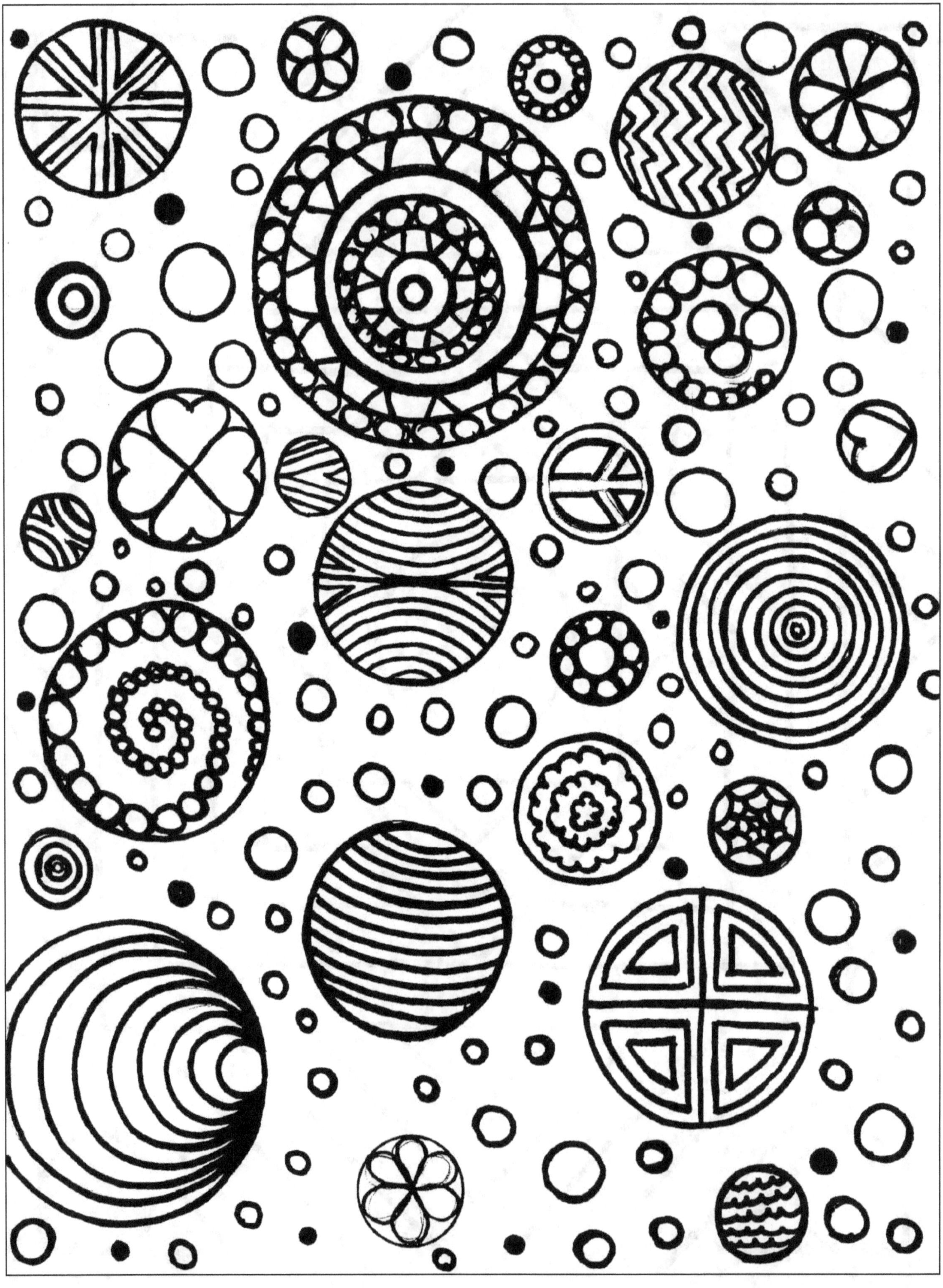

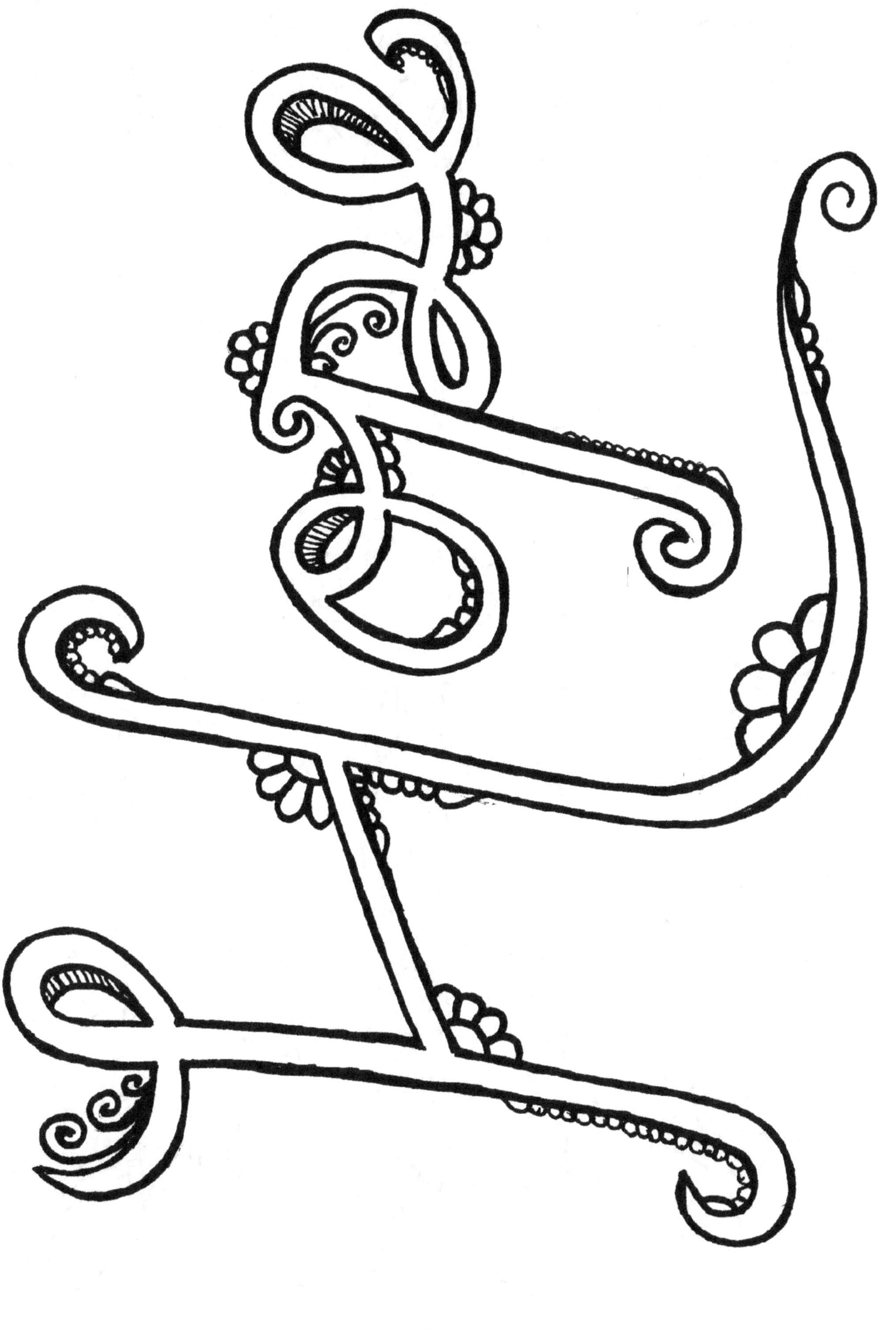

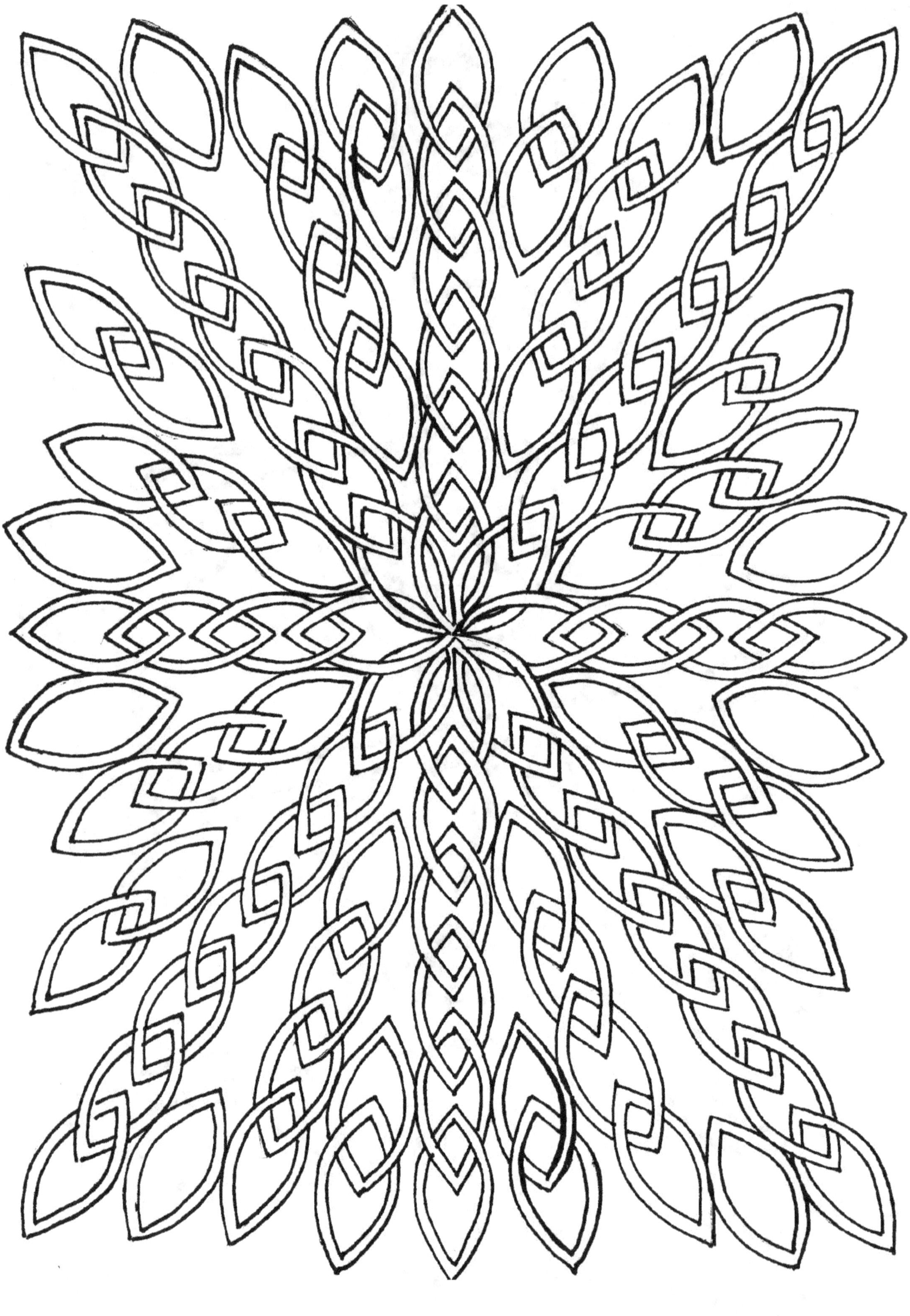

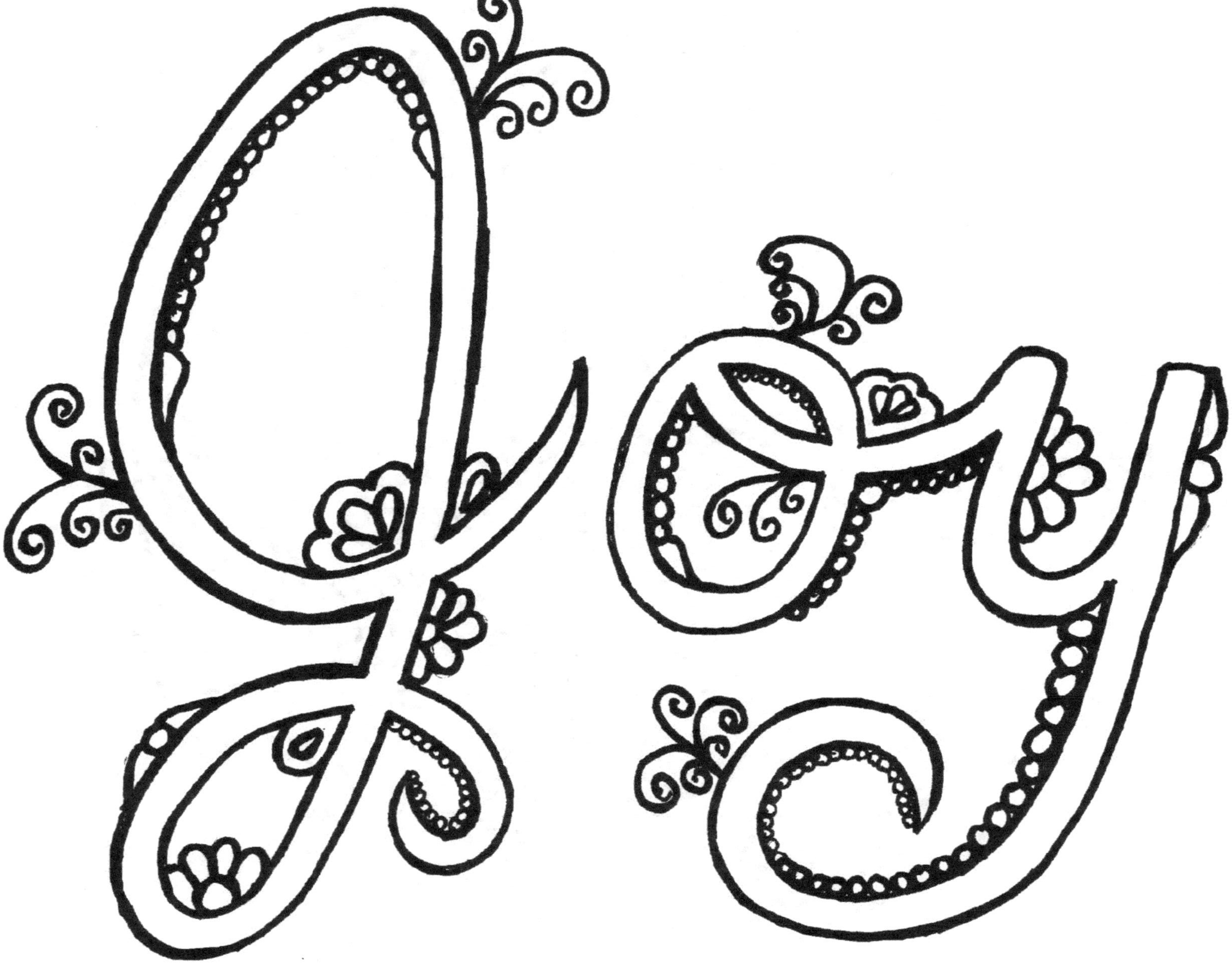
Joy

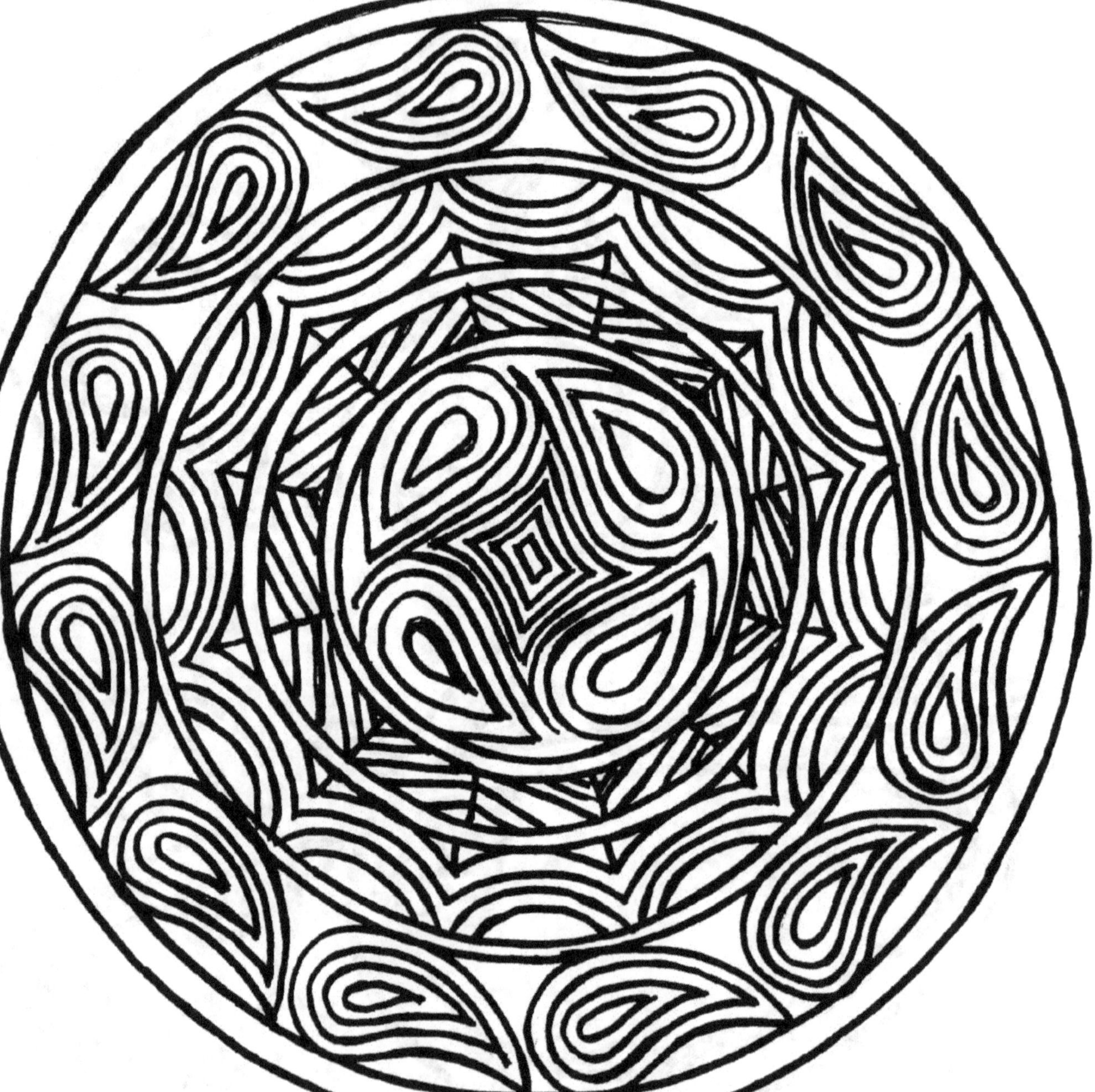

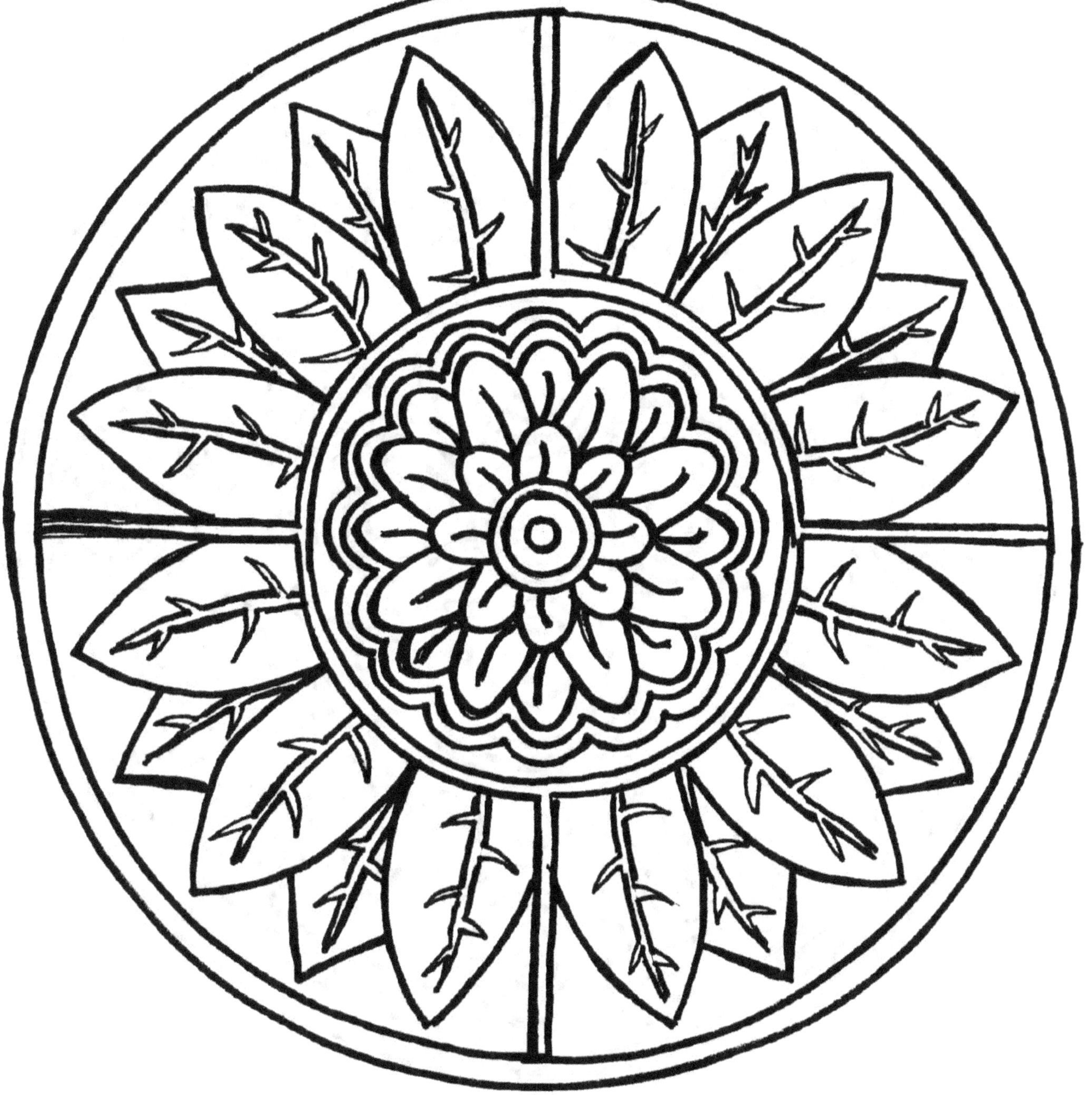

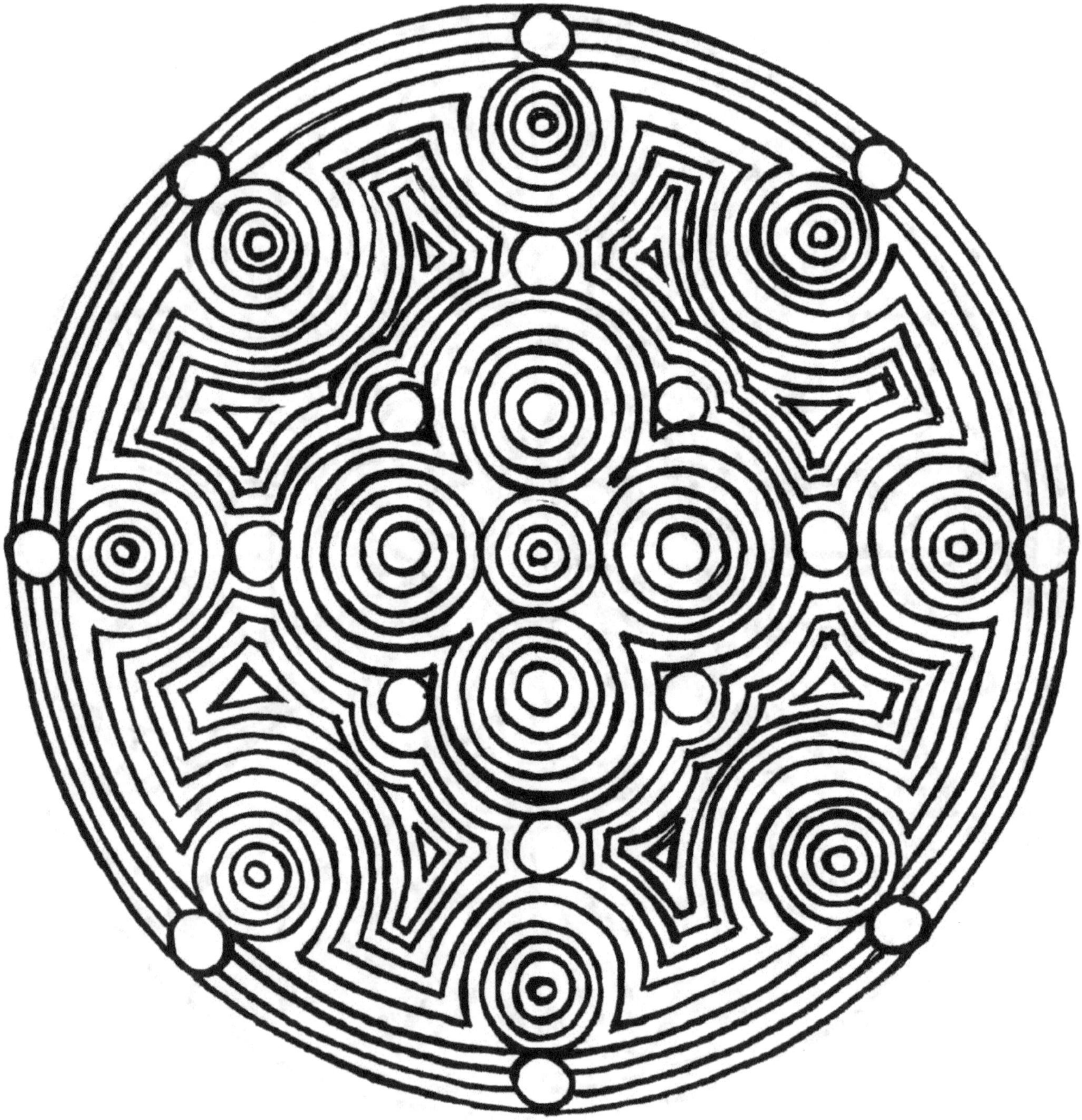

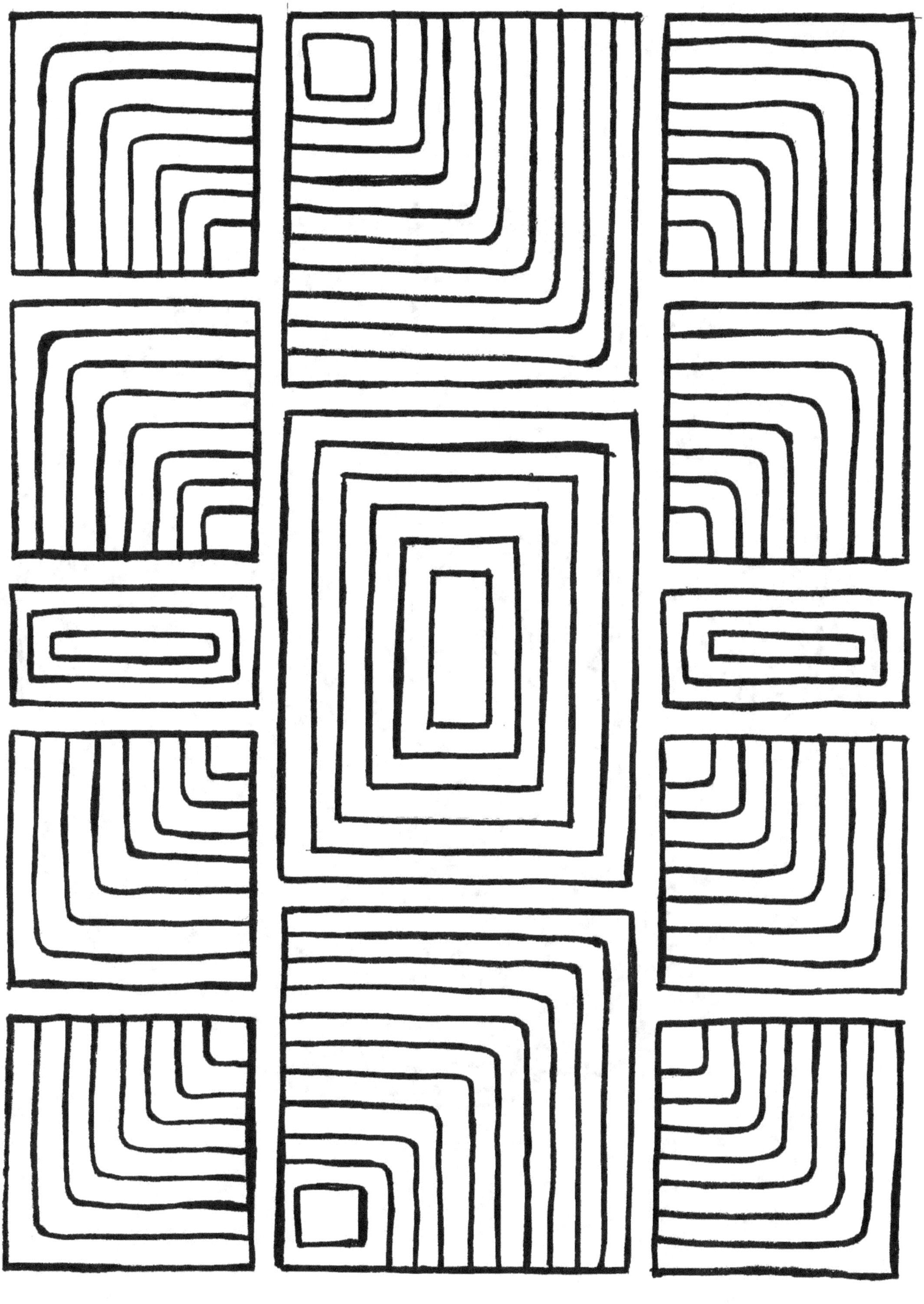

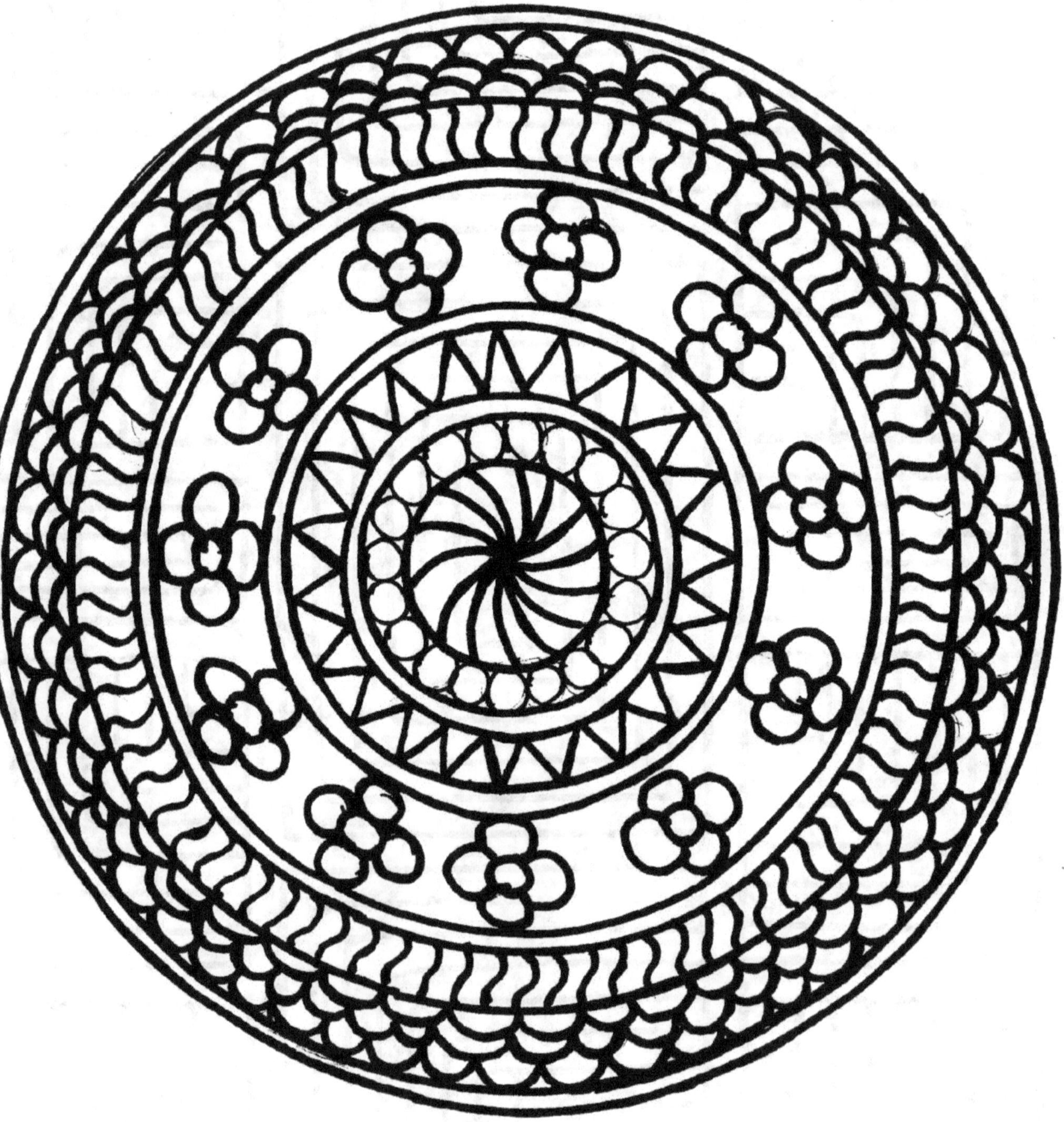

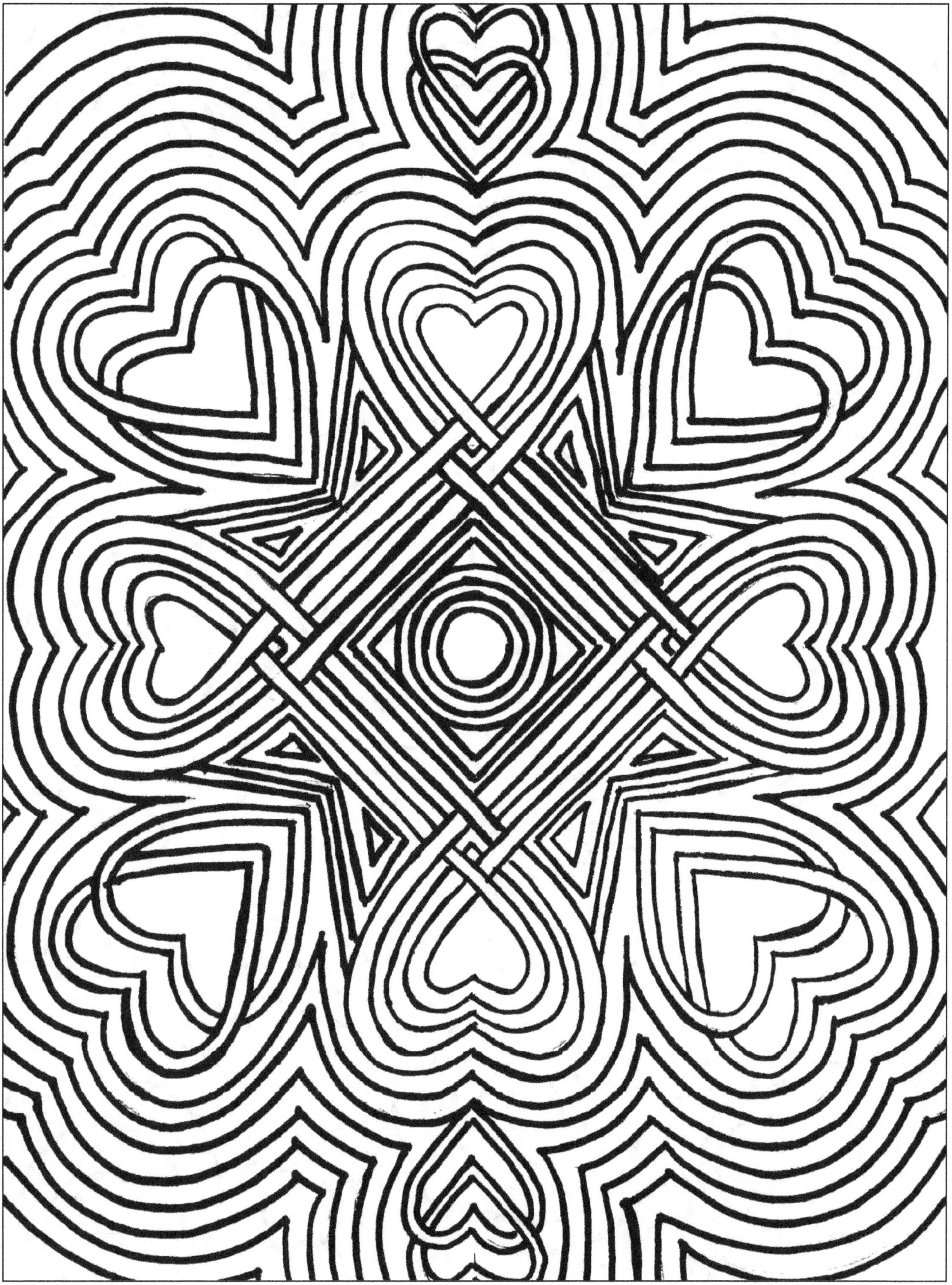

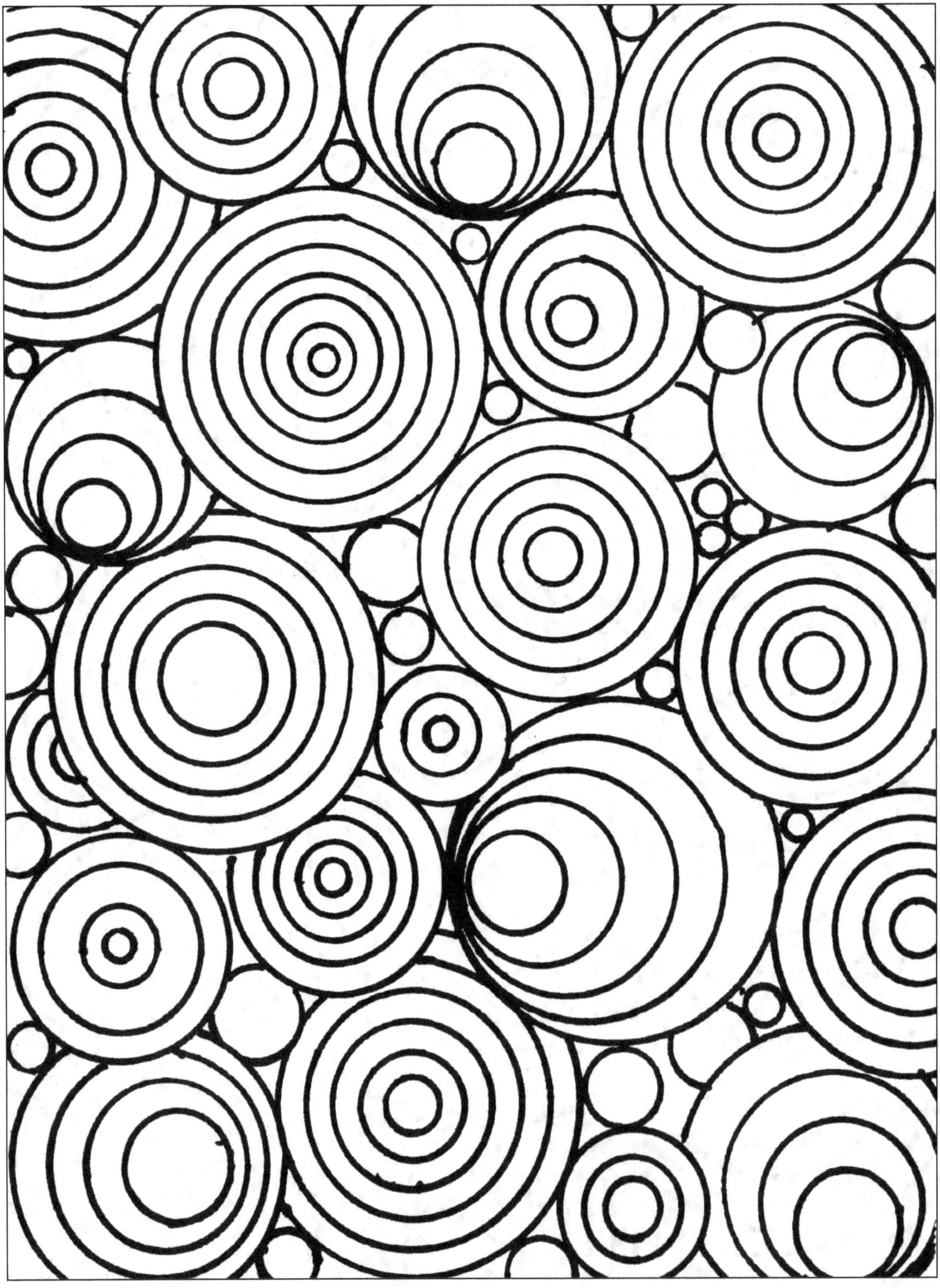

www.ingramcontent.com/pod-product-compliance
Lightning Source LLC
Chambersburg PA
CBHW081756170526
45167CB00009B/4040
* 9 7 8 1 5 4 3 2 1 5 8 7 8 *